Ich hasse dieses Buch!

Harrison John

Radioaktive Leuchtfarben - eine totale Entgleisung der Uhrenindustrie

Ein sarkastischer Beitrag zu einer traurigen Geschichte

Dieses Buch behandelt keine postalischen oder zollrelavanten Aspekte
bezüglich der Versendung von radioaktiv verseuchten Materialien

Bibliografische Information der Deutschen Nationalbibliothek:
Die Deutsche Nationalbibliothek verzeichnet diese Publikation in der
Deutschen Nationalbibliografie; detaillierte bibliografische Daten
sind im Internet über http://dnb.dnb.de abrufbar.

ISBN 9 783754 373996

Danger
Radioactive
substance

'Oh, ich habe etwas ganz Wunderbares entdeckt, ich kann eine Uhr leuchten lassen und die Zeit im Dunkeln ablesen, wenn ich nur wüsste, was all die Zahlen bedeuten', sagte der kleine Joe Hickerberg, zweitältester Sohn von Bernie Hickerberg.

Joes Vater, Bernie Hickerberg, hatte die eigene Schwester geheiratet, nachdem sein Vater mit Lilly, Bernies erster Frau und Cousine ersten Grades, davongerannt war. Papa und Lilly wurden daraufhin für tot erklärt, um die Lebensversicherung zu kassieren.

Bernie Hickerberg und seine Schwester hatten sieben gemeinsame Kinder, die sich zu insgesamt dreizehn summierten, wenn man die fünf hinzuzählt, die aus der ersten Ehe mit der Cousine ersten Grades zurückblieben. Dazu kam noch ein uneheliches Kind – eben dieser kleine Joe – den Bernie mit einer anderen Cousine gezeugt hatte. Sie hatten aber nur Kindergeld für neun von ihnen beantragt, denn dreizehn war schon so weit im Bereich der zweistelligen Zahlen, dass sie das nicht zusammenrechnen konnten.

Diese Entdeckung wurde zu einem gewaltigen Erfolg in der Uhrenindustrie, welcher dieser 'homogenen' Familie sehr gelegen kam, um über die Runden zu kommen, neben ihrer Tätigkeit der Aufzucht von Mais mit einer ungeraden Zahl von Reihen, eine Erscheinung ähnlich den seltsamen Abweichungen der menschlichen geistigen Entwicklung. Die Hickerbergs hatten es geschafft ...

Mais hat eigentlich immer eine gerade Anzahl von Reihen an jeder Ähre. Die Anzahl der Reihen ist immer geradzahlig, da die Ährchen paarweise erscheinen und jedes Ährchen zwei Blüten hervorbringt: eine fruchtbare und eine sterile Blüte.

Besondere Umstände in einem außergewöhnlichen Umfeld könnten theoretisch zu einer Ähre mit einer ungeraden Anzahl von Reihen führen; vermutlich würde man aber beim Nachschauen unter dem Mikroskop eine unsichtbare Reihe finden, die sich nicht vollständig entwickelt hat. Die Natur sorgt normalerweise für eine gerade Anzahl von Reihen oder Linien. Die Wassermelone hat z. B. eine gerade Zahl von Streifen.

Stellen Sie sich einfach vor, dass sich eine Zelle teilt. Das wären dann zwei, und wenn es so regelmäßig und den Normen entsprechend weitergeht, entsteht immer eine gerade Anzahl.

Ja, so könnte unsere traurige Geschichte beginnen und die Entstehung der Idee von radioaktiven Leuchtfarben auf zivilen Uhren wäre vom Ursprung her besser verständlich ...

... aber in Wirklichkeit war es nicht der kleine Joe Hickerberg gewesen. 'Echte' Wissenschaftler und weite Teile der Uhrenindustrie im Allgemeinen haben diesen fahrlässigen Unsinn zu verantworten.

Geheimrat Arthur Junghans war es, der Anfang des 20. Jahrhunderts zusammen mit Mme. Curie, der berühmten zweifachen Nobelpreisträgerin und Entdeckerin des Radiums, die erste kommerziell brauchbare Leuchtfarbe schuf und mit Erfolg auf seinen Uhren aufbrachte. Na ja, das konnte er dann auch nicht mehr geheim halten.

Die heftigste Kritik muss sich aber primär gegen die später kommenden Akteure richten, die für diesen unverantwortlichen Blödsinn außerhalb des militärischen Bereichs eine weltweite Nachfrage generiert haben.

Dem Kenntnisstand der damaligen Zeit geschuldet, muss man aber für den 'Advent' dieser unglücklichen Idee in Abwandlung zitieren:

'Denn sie wussten noch nicht, was sie tun'.

Radium und Radioaktivität wurden für lange Zeit als unschädlich, ja sogar gesundheitsfördernd angesehen und außergewöhnliche Heilkräfte wurden dieser neuen Entdeckung zugeschrieben. Wir kennen heute die Nuklearmedizin, die segensreiche Arbeit leistet, aber sinnvoll, gezielt und dosiert eingesetzt, und ionisierende Strahlung wird nicht weltfremd und fahrlässig in einer Weise angewendet, die im Nachhinein und dem modernen Wissensstand entsprechend als völlig verblödet betrachtet werden muss.

Festzuhalten bleibt, dass man auch unter dem Druck zweier Weltkriege und anhaltender Aufrüstung die Uhren und Instrumente im militärischen Bereich im Dunkeln lesbar machen wollte und die Welt nicht noch anderweitig weit bis hinter das Ende unserer Tage mit radioaktivem Dreck belastet.

Lassen Sie uns mit etwas Positiverem beginnen:

Uhren, ob mechanisch oder moderner Bauart, gehören zu den faszinierendsten Dingen, die der Mensch je entwickelt hat. Ihr Beitrag zum Fortschritt ist nicht nur etwas, das wir als 'wertvoll' bezeichnen müssen – sie waren unerlässlich. Ich würde dabei nicht so weit gehen zu sagen, dass wir ohne die Erfindung und besonders die Weiterentwicklung von Uhren immer noch rohes Fleisch essen würden, aber wir stünden sicherlich nicht dort, wo wir heute sind.

Man würde Käse in die Schweiz rollen, wenn man alle mechanischen, elektrischen, elektronischen, stimmgabelregulierten sowie quarzgesteuerten Uhren aufzählt, die man bisher entwickelt hat, bis hin zur Atomuhr.

Eulen nach Athen tagen wollen wir hier auch nicht und auf die ersten präzisen und verlässlichen Zeitmesser verweisen, die es ermöglichten, den Längengrad auf See besser zu bestimmen und damit die Welt stark veränderten. Jetzt nutzbare, sicherere und kürzere Seewege, gaben der Schifffahrt einen enormen Aufschwung und trieben dabei Piraten und anderes maritimes Gesindel jener Zeit in den Bankrott und deren Nachkommen an die Wallstreet. Sie konnten nicht mehr irgendwo auf den zuvor mehr oder weniger zwangsweise genutzten Standardrouten auf Beute lauern. Von da an hatten die Schiffe ihre individuelleren und kürzeren Wege, um sich fortzubewegen, und damit gingen auch typische Krankheiten auf langen Seereisen wie der Skorbut drastisch zurück.

Das Vorstehende kennen die Uhrenfreunde alles; das sind die Höhepunkte und nicht der Tiefpunkt einer Entwicklung.

Von den Entdeckungen der physikalischen Gesetze des Pendels und dem Phänomen des Isochronismus durch Galileo Galilei und deren Anwendung beim Uhrengang bis hin zu einer frei schwingenden Unruh und der späteren Regulierung durch einen Quarzkristall hat sich das alles von 1 Hertz (Schwingungen pro Sekunde) auf 32.768 Hertz (ultrahohe Quarzuhren erreichen sogar bis zu 262.144 Hertz) weiterentwickelt.

Die Atomuhren 'ticken' mit einer Frequenz von 9.192.631.770 Hertz und können per Funkübertragung auch die Genauigkeit unserer Uhren am Handgelenk korrigieren.

Die maximalen Zeitabweichungen gingen zurück auf +/- 1 Sekunde in mehreren Millionen Jahren; im Kurzzeitbetrieb wurde das Ziel einer möglichen Abweichung von +/- 1 Sekunde in einer Milliarde Jahren erreicht.

Eine Sekunde bei einer Atomuhr ist die Dauer von 9.192.631.770 Perioden der Strahlung, die dem Übergang zwischen zwei Hyperfeinstrukturniveaus des Grundzustands des Cäsium-133-Atoms entspricht, das bei einer Temperatur von 0 Grad Kelvin zur Ruhe kommt.

Wie dem auch sei, ultrapräzise Zeit- und Laufzeitmessungen sind auch notwendig, um Geschwindigkeit und Entfernung zu berechnen, z. B. wenn wir an das GPS-System denken. Deshalb haben die Satelliten die über uns kreisen ihre eigene (oder mehrere) Atomuhren an Bord, die zugunsten des Gewichts und eines geringeren Umfangs ein wenig an Präzision einbüßen mussten und auf +/- 1 Sekunde in 10.000 Jahren kommen.

Die ersten Mondlandungen wurden jedoch bereits durchgeführt, als die Astronauten noch gut gehende mechanische Uhren am Handgelenk hatten (und natürlich noch viele andere Instrumenten im Inneren der Raumschiffe). Wir werden dabei nie die sichere Bergung von Apollo 13 und den letzten Ruf der Besatzung vergessen, bevor sie für eine Weile auf dem Funkweg verloren gingen:

'Houston, wir haben ein Problem, aber es ist nicht unsere Uhr'.

Ob das alles noch getoppt werden muss, durch 'Quantenuhren' oder 'optische Uhren' oder 'nuklear-optische Uhren' oder durch die vielen Ideen, die mit der Ganggenauigkeit einer Uhr absolut nichts zu tun haben, muss der immer weiter fortschreitenden modernen Uhrmacherei überlassen werden, obwohl Uhren, besonders die am Handgelenk, eher überflüssig geworden sind – natürlich nicht für den Sammler und Uhrenfreund.

Wir wissen schon lange, dass eine vollständige Umrundung der Sonne durch die Erde länger als 365 Tage dauert (etwa 0,25 Tage mehr), also fügen wir unserem Kalender alle 4 Jahre einen Schalttag hinzu.

Die Drehung der Erde um ihre eigene Achse, die einem vollen Tag entspricht, ist nicht konstant. Es ist sogar noch schlimmer – sie verlangsamt sich insgesamt stetig, sodass unser Planet kein idealer Taktgeber ist.

Vor 400 Millionen Jahren hatte der Tag wegen der sich da noch schneller drehenden Erde nach unserem heutigen Zeitstandard nur 22 Stunden.

Um damit zurechtzukommen, und um die alten Rekorde von Jesse Owens vergleichbar zu halten, belassen wir die derzeitige Länge einer Sekunde als Zeiteinheit und schieben ab und zu eine 'Schaltsekunde' ein. Das ist aber auch nicht so ganz so einfach, da das diesbezügliche Verhalten der Erde schwankt.

Das alles hatten schon Darwin und Isaac Newton vor vielen Monden entdeckt und tatsächlich ist der Mond dafür verantwortlich. Seine Anziehungskraft sorgt für Ebbe und Flut und eine Gezeitenreibung, die der Erddrehung entgegenläuft.

Diese Abbremsung der Erdrotation sorgt ihrerseits dafür, dass sich der Mond immer weiter von der Erde entfernt, drei bis vier Zentimeter pro Jahr.

Eine der Regeln des Universums ist der 'Drehimpuls', der überall hinführen kann, langsamer, schneller, seitwärts, während sich die Gesamtsumme nicht ändern kann. Mars und sein Mond Phobos haben eine andere Beziehung – das Gegenteil ist hier der Fall. Der Mars wird von Phobos beschleunigt, die Marsmenschen befinden sich also auf einem sich immer schneller drehenden Karussell. Phobos bewegt sich dabei spiralförmig nach innen und auf den Mars zu. Sie werden in etwa 50 Millionen Jahren zusammenstoßen.

Unsere Erde wird also völlig zum Stillstand kommen, aber lange vor dem Ende unbewohnbar sein und auf den Mars auszuweichen ist dann auch keine so gute Idee.

Aber jetzt kommts: Mancher radioaktive Dreck auf den Uhren wird auch dann noch da sein – kein Scherz, sondern besonders das 'ewig strahlende' Samarium 147!

Mit einigem Wohlwollen will man den Akteuren der Anfangszeit keinen so rechten Vorwurf machen, aber mit Fortschritt der Wissenschaft hätte es viel früher 'funken' sollen, was man da eigentlich anstellt.

Belassen wir es erst einmal dabei.

Entgleisungen und Spielereien

Immer dann, wenn eine bestimmte Stufe erreicht war, ausreichend für die jeweilige Zeit, gelegentlich auch schon vorher, schoss die 'Kreativität' in alle Richtungen und zu oft auch hin auf total sinnloses Terrain. Bei einer Genauigkeit von +/- 10 Sekunden pro Tag kann man sich getrost auf allerlei Unsinn konzentrieren und andere den noch präzisen Gang finden lassen, wobei hier der Spruch *'über Geschmack lässt sich streiten'* oft arg überstrapaziert wird. 'Uhrwerksveredelungen' (technisch nutzlose Gravuren), obwohl der Laie die Uhr gar nicht mehr aufkriegt, um sich das anzusehen, sind auch heute noch in Mode.

Das Zifferblatt auf Armbanduhren wurde allzu oft zur Spielwiese von künstlerischen 'Gestaltern' und so mancher Verkehrsunfall war wohl die Folge eines angestrengten Versuchs, die Zeit abzulesen.

Ja, und das Räderwerk im Inneren konnte man auch gleichzeitig mit etwas anderem verbinden und vielleicht zum 'Antrieb' einer erotischen Darstellung auf dem Zifferblatt nutzen. Besonders beliebt: die kopulierenden Priester und Nonnen.

Einige 'Komplikationen' (wie sie bei Uhren genannt werden) wie eine Datumsanzeige, eine Tagesanzeige oder eine Monatsanzeige haben durchaus ihren Wert, während eine Mondphase meist unbeachtet bleibt und früher oder später ein von den Realitäten abweichender und unjustiert bleibender 'Schnickschnack' ist, weil einem die Zeit, die man braucht, um alles richtig einzustellen, bald lästig wird.

Eine Weck- oder Alarmfunktion ist nett, da gibt es nichts zu beanstanden.

Aber dann! 'Taucher-Uhren', wasserdicht bis zu 1000 Metern und mehr, während ihre Träger nie eine Tiefe unter der Oberfläche von mehr als ein bis zwei Metern erreichen. Diese Uhren sind aber zugegebenermaßen unter der Dusche oder ganz generell gut gegen Feuchtigkeit geschützt.

Wenn man sie in Schwimmbädern am Handgelenk trägt, können sie nicht von irgendwelchen Dieben in der Umkleidekabine gestohlen werden (müssen aber gelegentlich aus den Siebfiltern herausgefischt werden.

Dann gibt es solche 'Taucheruhren' sogar mit einem Heliumventil (nein, kein Witz!). Mit dem kann man das Helium im Gehäuse ablassen, bevor das Glas abgesprengt wird, wenn man nach dem Tauchgang in einer Dekompressionskammer sitzt.

Beim 'Sättigungstauchen' kann Heliumgas in die Uhr eindringen (das zur Verbesserung der Atemluft mit reingepumpt wird). Aber: Mit so einem Ding am Handgelenk eines Berufstauchers, der damit nach unten will, müsste man umgehend dessen 'Rauchgewohnheiten' überprüfen oder nachsehen, ob die Schnapsflasche im Spind wieder einmal halb leer ist. Wer mit 'normalen' Taucheruhren am Kurs in 'Malle' teilnehmen will, würde damit gleich aussortiert. Schlechte Ablesbarkeit und zu oft auch noch geradezu lebensgefährliche Verstellmöglichkeit der Lünette in beide Richtungen disqualifizieren so einen Zeitmesser für die Verwendung außerhalb der Badewanne.

Oder die 'Fliegeruhren' ('Flieger watch'). Oh ja, hier brauchen wir – auch und besonders international – einen deutschen Namen wie Blitzkrieg oder Kindergard(t)en. Es ist das Erscheinungsbild, das zählt, auch wenn man nie weiter nach vorne kommt als auf einen Sitz in der Economy-Klasse.

Stoppuhren? Nun, sie werden von Sammlern sehr geschätzt, repräsentieren in der Regel die höhere Kunst der Uhrmacherei, sind teuer und schön anzusehen.

Aber im Ernst: Wenn man das Bedürfnis hat, die Zeit <u>sehr genau</u> zu messen, ist es völlig nutzlos, wenn die Uhr das eigentlich nicht richtig kann. Nein, nicht technisch gesehen, sondern weil die Handhabung (vor allem, wenn sie am Handgelenk belassen wird), zu einem Herumfummeln wird. Es wären noch viele andere Dinge zu erwähnen, die eine normale Stoppuhr im Gegensatz dazu zu einem ernsthaften Instrument und nicht zu einem Spielzeug am Handgelenk machen.

Bevor ich es vergesse: Diese privaten Gravuren wie 'Für unseren Papa von seinen liebenden Kindern' oder 'Für meinen geliebten Ehemann Hans' – nun, das mindert zumindest den Wert für einen Sammler außerhalb der Familie, anders als wertsteigernde 'Schnitzereien' wie etwa 'Für Elvis von Priscilla' oder VW 100.000 Kilometer.

Wenn wir mal kurz rüber zu den größeren Zeitmessern schauen, sind es ganz besonders die französischen Kaminuhren, deren Geschmacklosigkeit kaum zu übertreffen ist.

Nachdem gut funktionierende Tischuhren entwickelt worden waren, für die Bedürfnisse der Zeit mehr als ausreichend, und die auch 8 Tage lang ununterbrochen und gut liefen, verschwand die technische Kreativität ein wenig im Hintergrund und man kam mit den schauerlichsten Produkten heraus:

Marmorimitations-Sockel mit feuer-vergoldetem Mist oben drauf, wie z. B. spärlich bekleidete griechische Göttinnen, umgeben von nackten Putten; das Zifferblatt zwischen Kerzenhaltern auf jeder Seite.

Heutzutage sind sie im Handel im Preis aber dermaßen weggesunken, dass manche dieser Uhren kostenlos hinter einem herzufliegen droht, wenn man beim Hinausgehen aus dem Laden die Tür nicht zumacht.

Ich bin im Nachhinein sehr froh, dass ich auf Auktionen so etwas nicht mitgenommen habe (na, ja – ein oder zwei doch), denn dafür musste man einst richtig Geld bezahlen.

Das ist aber alles doch insgesamt eher recht harmlos und zugestanden Ansichtssache.

Es geht noch schlimmer

Nun kann das alles aber noch weit übertroffen werden, wenn z. B. jemand auf die Idee kommt, die Zeit dauerhaft im Dunkeln mit Leuchtfarbe anzuzeigen, die radioaktive Substanzen enthält.

Nach den ersten Anfängen war das primär für den militärischen Einsatz gedacht, wo man aus verschiedenen Gründen die Zeit ohne externe Lichtquelle ablesen musste oder sollte, im Flugzeug oder im Schützengraben. Aber was das Militär hat, muss der 'Mann' auch haben, wie eine Taucher- oder Fliegeruhr.

Natürlich gibt es auch andere sinnvolle Anwendungen im professionellen Bereich – aber auf einer zivilen Armbanduhr?

Nun ist das mit dem dauerhaften Leuchten der alten, radioaktiv aktivierten Leuchtfarben aber auch nur die Theorie; in der Praxis lässt das auch bald nach, da die Leuchtmasse (meist Zinksulfid) durch die Radioaktivität nicht nur aktiviert, sondern gleichzeitig kontinuierlich zerstört wird. Das kehren wir für den Moment erst einmal unter den Teppich, denn das alles ist schon peinlich genug.

Zum Glück ist das heutzutage mit den Leuchtfarben alles recht harmlos geworden und nur noch Schnickschnack, wenn man es dennoch unbedingt haben will (oder es einfach ignoriert, wenn die Uhr auf diese Weise standardmäßig gekommen ist).

Schnickschnack ist es deswegen, weil es letztendlich auch nicht das Gelbe vom Ei ist.

Leuchtfarben neuerer Art, Luminova, Superluminova (seit 2007) oder ähnliche haben zumindest die Gefahren aus etwas genommen, das mehr oder weniger überflüssig ist. Das zumindest für eine oft nur kurze Weile bestehende dauerhafte Leuchten einer radioaktiv aktivierten Leuchtfarbe hat man aber nicht mehr, man braucht immer wieder eine neue Aufladung durch Licht.

Ja, diese Uhren mit den modernen Leuchtfarben zeigen in dunkler Umgebung eine Weile die Zeit an, aber nur, wenn sie genug Zeit hatten, sich – je nach Jahreszeit und Gebrauch während des Tages – mittels Licht aufzuladen. Was man dann sieht, lässt sich in den meisten Fällen entsprechender Verweildauer im Finstern mit ein oder zwei Worten beschreiben: 'nichts' und 'fast nichts'.

Wenn man die Uhr aber den ganzen Tag in der Sonne liegen lassen muss, um nachts eine kurze Weile die Zeit schlecht ablesen zu können, welchen praktischen Nutzen hat das Ding dann? Wer zu später Stunde die Zeit wissen will ohne seinen Ehepartner oder andere herumliegende Personen zu stören, hat eine ablesbare Nachttischuhr, bei der man das Zifferblatt per Knopfdruck beleuchtet.

Ganz ehrlich, wie oft haben Sie das schon genutzt? Haben Sie schon einmal versucht, nach Mitternacht die Uhrzeit abzulesen, selbst wenn die Uhr tagsüber Licht abbekommen hat? Haben Sie jemals nachts auf Ihre Armbanduhr geschaut und gleich etwas erkennen können, ohne dann doch das Licht anzumachen?

Manche Uhrenbesitzer schwärmen dennoch oft davon, wie hell und klar sie die Zeiger und Indizes in der Dunkelheit sehen können, aber sicher nicht unter normalen Gebrauchs-Umständen und in trüberen Jahreszeiten.

Timex hat eine leuchtende Substanz (Indiglo) entwickelt, die sich über das gesamte Zifferblatt erstreckt und durch den Strom der Batterie aufgeladen wird.

Mit dem Einzug der Batterie in die Armbanduhren konnte die Leuchtfarbe auch durch Birnchen ersetzt werden, die das Zifferblatt beleuchten oder der 'Strom' wird zur Beleuchtung einer Digitalanzeige oder von LED-Zahlen verwendet. Ein gelegentlicher Blick auf die Armbanduhr in der Nacht belastet dabei die Batterie nicht allzu sehr.

Und dann macht man heute sogar leuchtende Zeiger und Ziffern in Kombination mit vorstehend Beschriebenen – als würde dem Hersteller eine böse Fee ins Ohr flüstern: *'Vergiss die Leuchtzeiger nicht, oder wir entführen deine Mutter'*.

Ist Ihnen schon einmal aufgefallen, dass viele Luxusuhren ganz bewusst ohne diese blödsinnige 'Beleuchtung' auskommen? Ausnahmen bestätigen auch hier die Regel, besonders wenn es sich um spezielle Modelle oder Spezialuhren handelt.

Worin besteht nun die größte Gefahr beim Umgang mit alten Uhren, die noch mit radioaktiver Leuchtfarbe versehen sind?

Beim bloßen Tragen einer solchen Uhr können die Gefahren durch das radioaktive Material meist (aber auch nicht immer) vernachlässigt werden. Aber sobald die Uhr geöffnet wird, kann man das Zeug einatmen oder verschlucken (Partikel in der Luft oder mit dem Finger aufgenommen usw.) und wenn es einmal in den Körper gelangt ist ...

Nicht nur Uhrmacher öffnen Uhren und setzen sich der Gefahr aus. Die Zeitgenossen, die gebrauchte Vintage-Uhren kaufen, wollen Bilder vom Uhrwerk sehen, um einzuschätzen zu können, was sie auf der Internet-Verkaufsplattform bekommen.

Auch die Überprüfung des Uhrwerks und des Kalibers durch Sammler erfordert ein Öffnen der Uhr.

Die Reinigung des Gehäuses lässt sich am besten bei herausgenommenem Uhrwerk durchführen. Da kommt einem schon einiges von alter Leuchtfarbe entgegen, was möglicherweise innen schon lange lose herumfliegt.

Und wenn jemand wieder einmal die kleine Schraube überdreht hat, welche die Aufzugswelle mit Krone festhält und die man beim Herausnehmen des Werks zuerst herausziehen muss, fällt der Winkelhebel auf der anderen Seite ab und man muss Zeiger und Zifferblatt abnehmen, um das zu beheben.

Wie auch immer, die Idee, die Zeit in dunkler Umgebung unter Zuhilfenahme radioaktiver Aktivatoren in der Leuchtfarbe abzulesen zu können, trotz damals in normalen Haushalten schon verfügbarem Gaslicht oder elektrischem Licht (Taschenlampen gab es damals ja auch schon), war der Beginn oder besser die kommerzielle Fortführung eines Handelns, das dann in dieser Form nur als eine höchst fahrlässige, geistlose Entgleisung betrachtet werden kann, zumindest ab einem bestimmten Punkt des Standes der Wissenschaft.

Die radioaktiven Leuchtfarben haben für Tausende, ja Millionen von Jahren, sogar über das vermutliche Ende unseres Universums hinaus – radioaktiven Müll hinterlassen, der uns zu beschäftigen hat.

In einem bestimmten Fall der Aufbringung von Leuchtfarben auf Uhren war das mit einem der schlimmsten Kapitel in der modernen Arbeitswelt verbunden, das man als höchst verwerflich und beschämend für die Menschheit bezeichnen muss (siehe Kapitel 'Die Radium Girls').

Wir geben euch Radium

Stellen Sie sich einige Marketingfreaks vor, gelangweilte Uhrenproduzenten, weltfremde Träumer, durchgeknallte Wissenschaftler, dazu vielleicht noch einen umgeschulten Pferdeäpfel-Aufsammler, einen verkannten Solo-Gruppentänzer, einen stellvertretenden Pommes frites Schnitzer – das könnte zu einer Gemeinschaft werden, die möglicherweise mit einem solchen Unsinn einer radioaktiven Aktivierung von Leuchtmasse auf zivilen Gebrauchsuhren aufwarten könnte. Aber so war es eben leider nicht.

Für die frühen Anfänge hatte ich ja bereits einen entschuldigenden Umstand akzeptiert: *'Denn sie wussten noch nicht, was sie tun'.*

Radium im Allgemeinen (besser gesagt das Radium Isotop 226, wenn man über Uhren redet, aber dazu kommen wir später) wurde anfangs allgemein als gesundheitsfördernd angesehen; ein Heilmittel für viele Dinge, ein Segen für die Menschheit. In diesen Tagen gab es Produkte auf dem Markt wie Radium-Wasser, Radium-Seife, Radium-Zahnpasta, Radium-Butter, Radium-Brot, Radium-Kosmetik, Radium-Zigaretten usw.

Kurbäder buhlten mit hohem Radiumgehalt um Kunden, also warum sollten dann nicht einige Spinner versuchen, zivile Uhren so zum 'Strahlen' zu bringen. Vielleicht waren sie selbst diesem Zeug zu lange ausgesetzt.

Die Radium Girls

Lassen Sie mich diese Geschichte kurz erwähnen, welche sich auf das niedrigste Niveau menschlichen Verhaltens begibt. Es geht um die 'Radium Girls'.

Radium Girls in der US Radium Corporation

Wenn der Erzengel Gabriel zum letzten Mal ins Horn bläst, um den Jüngsten Tag anzukündigen, wird ein ganz spezieller Haufen zusammenstehen und auf das Urteil warten. Das sind diejenigen, die in den Radium-Skandal um die Radium Girls verwickelt waren.

Jeder Vorbeikommende wird gefragt werden, 'gehörst du auch zu diesem Haufen?' Wenn man 'Nein' sagen kann oder angibt, dass man nur die eigene Mutter für 15 Euro und 55 Cents in ihrer Handtasche umgebracht hat, wird man höflich gebeten, weiterzugehen.

Wenn einer wie Josef Stalin kommt, wird auch der erst einmal durchgewunken: 'Geh weiter, Josef, wir haben hier jetzt wichtigere Dinge zu tun.'

Also wer steht dann da? Industriebosse, Manager, Winkeladvokaten, bezahlte Wissenschaftler, bestochene Gerichtsleute und korrupte Politiker, die alle in diesen Skandal verwickelt waren, stehen da. Kann es noch schlimmer kommen?

Viele Bücher sind schon über die armen 'Radium Girls' geschrieben worden, deshalb nur ganz kurz zusammengefasst:

Die 'Radium Girls' hatten für die US Radium Corporation (vormals Radium Luminous Material Corporation) gearbeitet und haben radioaktive Leuchtfarben auf Zeiger und Zifferblätter angebracht. Die Farbe wurde unter der Bezeichnung 'Undark' (Un-Dunkel) auf den Markt gebracht. Sie hätten das Zeugs stattdessen auch 'Un-Intelligent' nennen können.

Zunächst waren körperlicher Verfall und allgemeine Schwäche zu beobachten. Gemäß der medizinischen 'Weisheit' der Zeit wurde dies nicht gleich als etwas erkannt, das sich zu Frakturen und Nekrosen der Kiefer, Anämie und zerbrechlichen Knochen entwickeln würde.

Bei den Verhandlungen mit den Arbeitgebern über die Arbeitsbedingungen und (später) über eine gewisse Beteiligung bei den Arztkosten hatten es die armen Mädchen mit diesen Männern zu tun, die einmal als der oben beschriebene Haufen zusammenstehen werden, während einer, der für €15,55 zum Muttermörder wurde oder auch Josef Stalin erst einmal weitergeschickt werden.

The Power of Radium at Your Disposal

Twenty-three years ago radium was unknown. Today, thanks to constant laboratory work, the power of this most unusual of elements is at your disposal. Through the medium of Undark, radium serves you safely and surely.

Does Undark really contain radium? Most assuredly. It is radium, combined in exactly the proper manner with zinc sulphide, which gives Undark its ability to shine *continuously* in the dark.

Manufacturers have been quick to recognize the value of Undark. They apply it to the dials of watches and clocks, to electric push buttons, to the buckles of bed room slippers, to house numbers, flashlights, compasses, gasoline gauges, autometers and many other articles which you frequently wish to see in the dark.

The next time you fumble for a lighting switch, bark your shins on furniture, wonder vainly what time it is *because of the dark*—remember Undark. *It shines in the dark*. Dealers can supply you with Undarked articles.

For interesting little folder telling of the production of radium and the uses of Undark address

RADIUM LUMINOUS MATERIAL CORPORATION
58 PINE STREET　-　-　-　-　-　NEW YORK CITY
Factories: Orange, N. J.　　　Mines: Colorado and Utah

To Manufacturers

The number of manufactured articles to which Undark will add increased usefulness is manifold. From a sales standpoint, it has many obvious advantages. We gladly answer inquiries from manufacturers and, when it seems advisable, will carry on experimental work for them. Undark may be applied either at your plant, or at our own.

The application of Undark is simple. It is furnished as a powder, which is mixed with an adhesive. The paste thus formed is painted on with a brush. It adheres firmly to any surface.

UNDARK

Radium Luminous Material

Shines in the Dark

'UNDARK mit dem festen Versprechen, Radium zu enthalten.

Alle Probleme wurden zunächst auf eine bereits vorhandene 'körperliche Schwäche' dieser jungen Mädchen geschoben, denen man großzügig die Möglichkeit einer leichten Arbeit gegeben hatte, und nun kann man es dem Arbeitgeber nicht ankreiden, wenn sie schon in angenehmer Arbeitsumgebung unter der Last einer mit dem Pinsel ausgeführten Dekorationsarbeit zusammenbrechen.

Als es schlimmer wurde und die schrecklichen körperlichen Entstellungen deutlich sichtbar wurden, machten diese Lumpen nun die Syphilis dafür verantwortlich – ja, die Syphilis. Was kann man von diesen verlotterten jungen Mädchen schon erwarten?

Die Tatsache, dass alle anderen Mitarbeiter des Unternehmens, ob männlich oder weiblich, an allen anderen Arbeitsplätzen, weder körperliche Schwächen noch solch schreckliche Deformierungen zu beklagen hatten, führte zu keiner anderen Reaktion als der Fortsetzung der juristischen Trickserei.

Dass man den Mädchen aufgetragen hatte, den Pinsel mit den Anhaftungen der radioaktiven Farbe immer wieder in den Mund nehmen und mit den Lippen anzuspitzen, um einen feinen Strich zu gewährleisten, hatte man als Unterscheidungsmerkmal zu anderen Tätigkeiten im Hause nicht auf dem Schirm haben wollen.

Da das alles als völlig harmlos, ja sogar als gesund beschrieben wurde, hatten sich manche Mädchen mit dem Zeugs sogar die Fingernägel lackiert oder die Zähne angemalt, die dann im Dunklen so schön strahlten.

Und dann kam unerwartet Hilfe von einem jungen amerikanischen Mann: Gutaussehend, groß, sportlich (US Amateur Golf Champion), reich, unternehmerisch erfolgreich – der Traum jeder Schwiegermutter und Liebling der Gesellschaft.

Eben Byers – so war sein Name – zeigte die gleichen Symptome wie die Mädchen, nachdem er auf Anweisung seines Arztes täglich 3 Liter Radium-Wasser zu sich genommen hatte, um einen Knochenbruch besser auszuheilen.

Der Zusammenhang mit dem Radium wurde nun überdeutlich, außerdem wurde nun von allen Seiten Druck ausgeübt.

Tja, und wie schnell sich der Wind der Gunst drehen kann:

Sogar das Wall Street Journal wechselte die Seiten. Eigentlich nicht der gemeinen Tages- oder Klatschpresse zugehörig, veröffentlicht man als reines Finanzblatt die Zahlen von gestern und sagt ansonsten, was morgen in der Wirtschaft passiert, um danach einen noch schlaueren Artikel herauszubringen, warum diese Entwicklung nicht eingetreten ist.

Mens sane in corpore sano" (das ist Latein und bedeutet 'ein gesunder Geist in einem gesunden Körper') kehrte als Leitmotiv zurück und zeigte auch, wie schnell und tief man wieder fallen kann.

Und wenn einem dann auch noch eine knallige Schlagzeile einfällt, vergisst man schon einmal die feinen Manieren.

Man machte sich nun über ihn lustig und titelte nach seinem Tod: *'The Radium Water worked fine until his jaw came off'* (das Radiumwasser funktionierte gut, bis ihm der Kiefer abfiel).

Er wurde in einem bleigefütterten Sarg begraben und dreiunddreißig Jahre später, im Jahre 1965, wurde sein Skelett exhumiert, um den Radiumgehalt in seinen Knochen zu messen.

Man hätte das auch tun können, ohne ein einziges Gramm Erde zu schaufeln, indem man einfach in den Büchern nachgesehen hätte:

Radium hat eine Halbwertszeit von rund 1.600 Jahren, also musste im Grunde alles noch da sein – wie bei einer alten Uhr, wenn sie mit Radium als Aktivator beleuchtet wurde.

Der Zerfall von radioaktiven Stoffen wird in Halbwertszeiten gemessen. Eine Halbwertszeit ist die Zeit, die vergeht, in der 50 % des Elements zerfällt, dann 50 % des verbleibenden Rests und wieder 50 % des Rests und so weiter. Der gesamte Prozess ist nach 10 Halbwertszeiten abgeschlossen.

1.600 Jahre = 50 % Zerfall; 33 Jahre = 1.03 % / 98.97 % Rest. Die zerfallene Menge ist aber nicht harmlos, sondern bildet bis zum Ende der Kette neue radioaktive Elemente.

Nur der Vollständigkeit halber: Die Ergebnisse nach der Ausgrabung waren so, dass man feststellte, *'im Grunde ist alles noch da'*, aber ein paar Tage an der frischen Luft, statt im Büro auf Tabellen zu schauen – warum nicht?

Schließlich wurde auch Dr. Arnold von Sochocky, einer der Gründer der US Radium Corporation (ehemals Radium Luminous Material Corporation) und Entwickler des 'Undark' krank und konnte den armen Mädchen helfen, besonders da nun alles noch offensichtlicher wurde. Oftmals wird er auch als Erfinder der radiumhaltigen Leuchtfarbe genannt, was aber nicht ganz richtig ist. Die Dämme brachen, und sie bekamen wenigstens eine Art finanzielle Entschädigung – aber ihre Gesundheit und viele verlorene Leben bekamen sie nicht zurück.

Dr. Sochocky verstarb mit 45 Jahren unter schrecklichen Umständen. Seine Labor-Assistentin und kosmetologische Chemikerin Florence E. Wall, wurde dagegen 95 Jahre alt. Und jetzt sage mal noch einer etwas dazu, dass es schlimm sei, wenn Frauen im Büro immer nur Kaffee kochen dürfen. Es war aber eher etwas anderes: Florence Wall sagt in ihren Aufzeichnungen, dass die Chemiker am Arbeitsplatz Schutzausrüstung hatten, im Gegensatz zu den Mädchen, welche die radioaktiven Leuchtfarben anbrachten und denen man auch noch auftrug, den Pinsel immer mit den Lippen anzuspitzen – das ginge so am besten (und billigsten).

Lassen Sie mich an dieser Stelle noch einmal erwähnen, dass die Hauptgefahr von Uhren, die radioaktive Farbe enthalten, nicht in erster Linie von der äußeren Strahlungswirkung ausgeht (obwohl auch das in bestimmter Konstellation möglich ist), sondern durch Einatmen oder Einnahme von losen Partikeln.

Das kann immer dann der Fall sein, wenn die Uhr von Sammlern geöffnet wird, oder während einer Wartung beim Uhrmacher, wenn die Uhr zerlegt wird (und eine normale Wartung erfordert eine vollständige Demontage und Reinigung und nicht nur ein bisschen Ölen hier und da).

Partikel können also, wie gesagt, eingeatmet werden und in die Atemwege gelangen oder – mit den Fingern aufgenommen – über die Speiseröhre in den Körper gelangen – vielleicht mit der nächsten Pizza.

Die Gefahren, die darüber hinaus von Radon (Radon 222) ausgehen (nein, nicht Radium, Radon – ein Gas und nächstes Zerfallsprodukt von Radium 226, das uns auch im Umgang mit dieser aktivierter Leuchtfarbe zu schaffen macht), werden in einem separaten Kapitel abgehandelt.

Atmen Sie jetzt erst einmal durch – das Schlimmste kommt erst noch: Promethium 147 / Strontium 147.

Bitte nur noch ein wenig Geduld!

Wie schon gesagt, treibende Kraft waren zunächst militärische Anwendungen. Dabei ist auch reichlich Geld geflossen, was dann kräftig den sinnlosen Akt angeschoben hatte, das auf zivile Zeitmesser zu übertragen.

Was die Gefahren der Radioaktivität anbelangt, wusste man es zu dieser Zeit eben nicht besser. Noch jahrelang liefen sie auf den Atomtestgeländen herum, nachdem sich alles abgekühlt hatte, mit schwersten Folgen durch die radioaktive Strahlenbelastung.

Es dauerte noch einige Zeit, bis die Gefahren, die von radioaktivem Material ausgehen, immer deutlicher wurden – zumindest für die meisten Menschen.

Aber was das Militär hat, das will der 'Mann' auch haben, und der Unsinn ging in einem rasanten Tempo weiter – in der zivilen Uhrenindustrie.

Die Umsetzung des Irrsinns

Das Ablesen der Uhrzeit im Dunkeln wurde zu einem 'Muss' nun auch im zivilen Bereich, ist dort aber eine verfehlte 'Komplikation'.

Die Verwendung der heutigen Leuchtfarben ist der Schritt von 'gefährlich' zu 'ungefährlich, aber eher nutzlos', da es selten in <u>idealer Weise</u> funktioniert. Sie müssen, wie schon gesagt, immer wieder durch Licht aufgeladen werden, was die Uhr oft höchst unpraktisch macht. Vielleicht ein bisschen hart ausgedrückt, aber tendenziell nicht ganz falsch.

Was die alten, radioaktiven Leuchtfarben anbelangt, muss man festhalten: Grundlegende chemische und physikalische Zusammenhänge und vor allem die Konsequenzen sollten Wissenschaftler, die mit radioaktiven Dingen zu tun haben, unbedingt verstehen, bevor sie loslegen. Aber man kann sich nie da sicher sein, oder es war ihnen egal. Sind die Anfänge des Unsinns noch halbwegs zu entschuldigen, hätte sich das Verhalten der Akteure dem wissenschaftlichen Fortschritt stufenweise anpassen sollen. Heute müsste man eine solche Intelligenz von einem Regenwurm verlangen (an beiden Enden).

Nicht selten ist aber 'Interessenvertretung' bei manchen Wissenschaftlern ein eigenes Naturgesetz. Für den richtigen finanziellen Beitrag bekäme man evtl. auch eine Bestätigung, dass die Gravitation nach oben zieht und nur ein Luftdruck über 850 hPa dafür sorgt, dass alles unten bleibt.

Für die alten Leuchtfarben brauchte man im Wesentlichen drei Dinge:

1. **Eine Leuchtsubstanz** (lumineszierende Substanz), die zum 'Strahlen' gebracht werden kann, wurde in Form von Zinksulfid gefunden. Es kommt in der Natur vor und kann auch künstlich hergestellt werden.

2. **Ein Aktivator:** Die Aktivierung kann zwar auf verschiedene Weise erfolgen mit unterschiedlicher Reaktion; wir wollen aber ein Dauerleuchten.

3. **Die Bindung:** Ein Lack, der alles zusammenhält und dauerhaft auftragbar macht.

Punkt 1. und 3. sind einfach. Wenn man aber einen Daueraktivator unabhängig von Licht haben will, muss dieser radioaktiv und damit grundsätzlich gefährlich sein.

Ein wenig Chemie, ein wenig Physik

Wenn wir von lumineszierenden Substanzen und der Fähigkeit sprechen, zu leuchten (ohne Wärme wie das glühende Eisen eines Schmieds), nachdem sie wie auch immer aufgeladen wurden, unterscheiden wir nach der Dauer des ausgestrahlten Lichts: fluoreszierend, mit einer sehr kurzen Dauer von weniger als 1/1000 Sekunde, wenn die Anregungsquelle entfernt wird, und phosphoreszierend (speicherfähig), mit einer Dauer von gleich oder mehr als 1/1000 Sekunde, bis hin zu Minuten und Stunden.

Die Anregung erfolgt (unter anderem) durch: chemische Reaktion, Einwirkung von Tages- oder UV-Licht oder elektrische Energie. Wir kennen auch die Biolumineszenz (organische Reaktion), wie man sie von dem Feuerkäfer (Pyrophorus) oder einigen Pilzen (wie dem Panellus stipticus) kennt.

Der Fliegenpilz leuchtet nicht, wird aber immer noch von einigen Zeitgenossen, die Bio-Ware dem Zeug aus der Disco vorziehen, als Rauschmittel verwendet. Vielleicht hatten ja einige der beteiligten 'Spezialisten' ... ?

Alle Aktivatoren bis auf einen haben eine nachlassende Wirkung, die Leuchtsubstanz muss also immer 'nachgeladen' werden.

Es gibt nur eine Art von Aktivator, der ständig aktiv ist – ja, Sie wissen es: radioaktive Substanzen. Diese bewirken ein permanentes Leuchten, während sie unterdessen auch die Struktur des aktivierten Materials selbst zerstören und das Leuchten dadurch ohnehin bald verschwindet. Sie sorgen aber gleichzeitig dafür, dass die Gefahren der Radioaktivität als radioaktiver Abfall (inaktives Leuchten, aber fortgesetzte Radioaktivität) für Tausende und Abertausende von Jahren bestehen bleiben.

Der Effekt ist weg, der Schaden bleibt. Aber nun hören wir immer wieder einen Satz mit zwei Fehlern: 'Das Radium auf meiner Uhr ist verschwunden, sie leuchtet nicht mehr.'

Fehler Nr. 1: Das Radium selbst leuchtet nicht. Es hat nur schwache Eigenschaften in dieser Hinsicht und dient, wie gesagt, nur als Aktivator.

Fehler Nr. 2: Das Radium ist auch nicht weg – es ist fast vollständig noch da, zusammen mit den Folgeprodukten der Zerfallskette.

Das 'Geheimnis' der Radioaktivität

Sehr einfach ausgedrückt: Radioaktivität entsteht durch die Eigenschaft instabiler Varianten von Atomkernen (Isotope oder Nuklide) ionisierende Strahlung auszusenden. Sie zerfallen unter Emission von Alpha-, Beta- und Gammastrahlung und streben nach Stabilität, indem sie Teilchen 'wegschleudern', bis sie einen stabilen Zustand erreichen. Sie tun dies bis zu diesem Endpunkt in einer Zerfallskette, bilden also immer wieder andere Atomkerne.

Die beiden Begriffe Isotop und Nuklid bezeichnen im Grunde dasselbe, wobei der Begriff Nuklid eher eine Verallgemeinerung des älteren Begriffs Isotop ist. Der Unterschied lässt sich einfach dadurch erklären, dass man sagt, 'einer von beiden ist überflüssig'; ansonsten hängt es vom Kontext und der Verwendung ab und wird von den Wissenschaftlern selbst oft wechselseitig gebraucht. 'Kümmelspalter' können hier sogar die Notwendigkeit einer Unterscheidung erkennen, meist sind dies 'Gelehrte', die sonst nichts an 'Entdeckungen' zu bieten haben. Wir nennen es deshalb einfach mal ganz neutral 'Varianten'.

Wie nicht oft genug erwähnt werden kann, besteht die Gefahr, die von der radioaktiven Leuchtfarbe auf den Zeigern und Zifferblättern von Uhren ausgeht, nicht in erster Linie durch die äußere Einwirkung.

Je nach Typ, Dauer oder Entfernung der Einwirkung kann aber auch dies der Fall sein, wobei die 'Abschirmung' durch das Uhrenglas – Acryl oder Glas – oder die verschiedenen Gehäusetypen ebenfalls von Bedeutung sind.

Die Gefahr entsteht hauptsächlich, wenn die Partikel durch Einatmen (Atemwege) oder durch Verdauung (Speiseröhre) in den Körper gelangen.

Radon (Radon 222), das nächste Zerfallsprodukt in der Kette nach Radium 226, ist ein anderes ernstes Thema. Es ist ein flüchtiges Gas und gerade deshalb eine uns bedrohende Gefahrenquelle.

Da dies kein wissenschaftliches Buch ist, sondern eher eine 'Analyse' einer 'Totalentgleisung' in der Uhrenindustrie, sollten wir hier nur kurz auf einige wesentliche Punkte eingehen.

Unsere Elemente bestehen aus Atomen, ein Kern und eine Hülle und einer eigenen kleinen Welt darin und darum – Protonen, Neutronen, Elektronen, die wiederum aus noch kleineren Teilchen bestehen wie Up-Quarks, Down-Quarks, Orbitonen, Spinonen, Holonen.

Außerdem sind da die Antiteilchen wie Anti-Protonen, Anti-Neutronen, Anti-Neutrinos oder die reale Existenz des Nichts – die Antiteilchen.

Und es gibt Photonen (Quanten), die keine Masse haben. Sie kommen mit der hochgradig durchdringenden Gammastrahlung daher. Da sie keine Masse haben, gibt es kaum Wechselwirkung mit anderer Materie, sie gehen praktisch durch Betonwände hindurch und können nur durch dicke und massive Bleiabschirmungen aufgehalten werden. Der Mann, der durch die Wand geht – der Traum mancher Wissenschaftler, wie sie ihr Büro betreten oder im Labor auftauchen. Wie der Uhrmacher, der die Uhr rückwärts dreht, um jünger zu werden.

Die Atome verschiedener Elemente unterscheiden sich durch die Anzahl der Protonen. Wir haben aber nicht *das*

Kupferatom oder *das* Goldatom oder *das* Radiumatom als solches. Unsere natürlich vorkommenden Elemente bestehen in der Regel aus mehreren solchen (stabilen) Atomen einer bestimmten Protonenmenge, die sich wiederum durch ihre Neutronenzahl unterscheiden und in einer bestimmten Mischung kombiniert sind.

Daneben haben wir auch und instabile Atome eines Elements. Die instabilen sind diejenigen, die radioaktiv sind. Sie mögen ihre Instabilität nicht und versuchen, einen stabilen Zustand zu erreichen, indem sie Protonen (+Ladung) zusammen mit Neutronen (neutrale Ladung), Elektronen (-Ladung) oder Positronen (+Ladung) 'wegschleudern'.

Sie können auch Protonen und Neutronen austauschen, und wenn das immer noch nicht reicht, geht das so weiter, bis ein stabiler Zustand erreicht ist, oft nach dem Ende unseres Planeten. Tja, was die Leute so alles auf Zeiger und Zifferblätter schmieren.

Dieser Prozess wird unterteilt sich in Alpha-Zerfall, Beta-Plus- und Beta-Minus-Zerfall und die davon ausgehende radioaktive Strahlung.

Wir sehen auch Gammastrahlung, die eine andere Sache ist und die beim Alpha- und Beta-Zerfall auftritt, wenn genügend Energie übrig bleibt, und auch Röntgenstrahlung.

Letztere kennen wir in vielen Sprachen auch unter dem deutschen Wort 'Bremsstrahlung', aber Bremsstrahlung" ist nicht ganz der richtige Begriff.

Die 'Bremsstrahlung' müsste eigentlich 'Bremsbeschleunigungsstrahlung' heißen. Als Wilhelm Conrad Röntgen 1895 die Röntgenstrahlung (englisch auch X-Ray genannt) entdeckte, erkannte er, dass diese Strahlung durch ein abruptes Abbremsen von Elektronen mit hoher Energie entsteht. Doch später hatte man entdeckt, dass diese auch umgekehrt durch eine plötzliche Beschleunigung ausgelöst wird.

Wie wir jetzt wissen, bedeutet es nicht, dass das Radium von der Uhr verschwunden ist, nur weil sie nicht mehr 'leuchtet'. Das Leuchten ist weg, weil nicht nur eine Aktivierung der Leuchtmasse erfolgte, sondern auch deren Zerstörung.

Aber was passiert mit dem Radium, wenn das Leuchten längst aufgehört hat?

Wir wissen, dass der Zerfall radioaktiver Stoffe in Halbwertszeiten gemessen wird, welche die Zeit definieren, die benötigt wird, um auf die Hälfte, die Hälfte der Hälfte, die Hälfte der Hälfte der Hälfte usw. zu sinken. Der gesamte Prozess ist nach etwa 10 Halbwertszeiten abgeschlossen.

Es kann ein einziger Schritt in die Stabilität sein, aber auch ein langer nach unten (manchmal sogar nach oben auf der Leiter im Periodensystem, je nach Veränderung der Protonenzahl).

Dieses hässliche Zeug auf unserer Uhr in der Leuchtfarbe, z. B. das Radium 226, hat eine Halbwertszeit von 1600 Jahren.

Das bedeutet, dass es 1600 Jahre dauert, um auf die Hälfte (50 %) zu sinken. Das wiederum heißt, dass es 160 Jahre dauert, um 5 % zu verlieren, und wenn wir 80 Jahre als angenommene Anzahl von Jahren nehmen (1940 bis 2020) haben wir immer noch 97,5 % übrig, und der Rest hat sich nicht in Rauch aufgelöst, er ist auch noch lange Zeit da und gelegentlich in gefährlicheren radioaktiven Substanzen als das Radium 226 selbst. Aber die Uhr 'leuchtet' nachts nicht mehr – schade!

Wie hätte noch der kleine Joe Hickerberg gesagt (dem ich das alles lieber zuschreiben würde als der ernsthaften Wissenschaft):

'Oh, ich habe etwas ganz Wunderbares entdeckt, ich kann eine Uhr leuchten lassen und die Zeit im Dunkeln ablesen.'

Schauen wir uns nun (gegenüberliegende Seite) die Zerfallskette mit dem darin enthaltenen Radium 226 an: Sie werden sehen, dass der Anfangspunkt Uran 238 war und der ganze Weg bis hinunter zu Blei 206 führt.

Irgendwo dazwischen findet man den radioaktiven 'Dreck' in der Leuchtfarbe – Radium 226. Zur leichteren Orientierung habe ich das grau unterlegt.

Man findet in der Zerfallstabelle Halbwertszeiten zwischen 0,00016 Sekunden und 4,5 Milliarden Jahren.

Hat der Zerfallsprozess erst einmal begonnen, findet man sehr bald alle Zerfallsprodukte auf der Uhr mit solcher Leuchtfarbe, es ist nur eine Frage der unterschiedlichen Verweildauer, bis eine gesamte Hälfte weg ist. Die immer weiter fortlaufenden Schritte kommen sofort.

50

ZERFALLSKETTE VON URAN 238 ZU BLEI 236

Element	Zerfall	Halbwertzeit	Zerfällt zu
Uran 238	α, γ	4,5 Milliarden Jahre	Thorium 234
Thorium 234	β, γ	24 Tage	Protactinium 234
Protactinium 234	β, γ	6,7 Stunden (234 Pa) 1,2 Minuten (234m Pa)	Uran 234
Uran 234	α, γ	245,000 Jahre	Thorium 230
Thorium 230	α, γ	75,000 Jahre	Radium 226
Radium 226	α, γ	1,600 Jahre	Radon 222
Radon 222	α	3,8 Tage	Polonium 218
Polonium 218	α	3,1 Minuten	Blei 214 (99,98 %)
	β	3,1 Minuten	Astatin 218 (0,02 %)
Blei 214	β, γ	26,8 Minuten	Bismut 214
Astatin 218	α	1,5 Sekunden	Bismut 214
Bismut 214	α	19,9 Minuten	Polonium 214 (99,98 %)
	β	19,9 Minuten	Thallium 210 (0,02 %)
Polonium 214		0,00016 Sekunden	Blei 210
Thallium 210		1,3 Minuten	Blei 210
Blei 210	β, γ	22,3 Jahre	Bismut 210
Bismut 210	β	5 Tage	Polonium 210 (99,99987 %)
	α	5 Tage	Thallium 206 (0,00013 %)
Polonium 210	α, γ	138 Tage	Blei 206
Thallium 206	β	4 Minuten	Blei 206
Blei 206		**STABIL**	**ENDLICH!**

α = alpha, β = beta, γ = gamma

Was kann alles drauf sein?

Radium 226

Der gebräuchliche radioaktive Aktivator war zunächst das Radium (Radium 266). Im zivilen Bereich findet man es hauptsächlich kurz nach dem 1. Weltkrieg bis in die späten 1960er-Jahre. Höhepunkte gab es in den 1940ern bis 1950ern, wo der Farbauftrag auf dem Zifferblatt (auch nachträglich ersetzt oder verdickt) ohne Rücksicht auf Ästhetik immer dicker wurde und mehr 'erschwingliche' Uhren auf den Markt kamen.

Wir haben uns das Radium 226 in seiner Zerfallskette und mit seiner Halbwertszeit angesehen. Gab es in dieser Hinsicht noch andere 'Ideen'? Ja, darauf können Sie drauf wetten, Dummheit kennt keine Grenzen!

Strontium 90

Beginnen wir mit dem 'bone seeker' (Knochensucher), wie man ein anderes radioaktives Zeug im Englischen nennt, auch ein Aktivator für Leuchtfarbe auf Uhren ab 1950, besser bekannt als Strontium 90. Es wurde nur selten verwendet, weil solche Uhren nur relativ kurz produziert wurden.

Die Träger dieser Uhren fühlten sich am Handgelenk nicht wirklich 'wohl' und dieser Unsinn wurde bald wieder aufgegeben.

Strontium 90 hat nur eine kurze Halbwertszeit von 28,8 Jahren und 'sucht' sich die Handgelenksknochen des Uhrenträgers (von außen durch die Uhr hindurch!). Es kann jedoch viel länger, nämlich bis zu 50 Jahre, im Körper verbleiben – in den Knochen, im Knochenmark oder in den Zähnen – und dort Knochenkrebs, Krebs des angrenzenden Gewebes und Leukämie verursachen.

Strontium hat eine ähnliche Struktur wie Kalzium, das für unsere Zähne und Knochen unentbehrlich ist, und wenn es auftritt, lagert es der Körper in fälschlicher Annahme in den Knochen ab. Als Gott den Menschen schuf, gab er uns auch Knochen und Zähne, die Kalzium brauchen, aber hätte er gedacht, dass Deppen uns Strontium aufs Handgelenk legen?

Strontium 90 ist als Produkt der Kernspaltung (nuklearer Fallout) bereits überall um uns herum. Es kann als Folge von Atombombentests in den Zähnen von Menschen gefunden werden, die nach 1963 geboren wurden. Zusammen mit Jod 131 und

Cäsium 134 gehörte Strontium 90 zu den schädlichsten Isotopen, die nach der Katastrophe von Tschernobyl die menschliche Gesundheit beeinträchtigten.

Strontium zerfällt über Yttrium 90 in das stabile Zirconium 90.

Element	Zerfall	Halbwertzeit	Zerfällt zu
Strontium 90	ß -	28,8 Jahre	Yttrium 90
Yttrium 90	ß -	64 Stunden	Zirconium 90
Zirconium 90		**STABIL**	

ß - = beta minus

'Oh, ich habe etwas ganz Wunderbares entdeckt, ich kann eine Uhr leuchten lassen und die Zeit im Dunkeln ablesen.'

Samarium 147 alias Promethium 147

Trinken Sie – zumindest gelegentlich? Dann tun Sie es jetzt – gerne auch reichlich, und ich hoffe, Sie haben starke Getränke zur Hand. Vielleicht finden Sie noch etwas holländisches Cannabis für die Wasserpfeife oder haben wenigstens ihre 'Alles-Ist-Ohnehin-Verloren-Haltung' eingenommen, denn was ich Ihnen jetzt mitzuteilen habe, wird jenseits ihrer wildesten Träume liegen und den Glauben an die Menschheit weiter schwächen.

Ich war eigentlich versucht zu sagen, dass nur ein Einzellenorganismus so blöd sein kann, etwas derartiges anzustellen, aber im Sinne von 'Political Correctness' muss man heutzutage rundum vorsichtig sein.

Nein, mehrzellig ausgestattete Menschen haben das gemacht:

Da kam doch jemand auf die Idee, Radium 226 oder Strontium 90 durch Promethium 147 als Aktivator für Leuchtsubstanzen zu ersetzen.

Man könnte auch annehmen, dass diese Entwicklung nur darauf zurückzuführen ist, dass man durchgeknallte Wissenschaftler in eine Anstalt gesteckt hatte und eine Beschäftigung für sie gesucht wurde. Warum nicht Experimente mit Leuchtfarben für Uhren? Doch wie hätte in einem solchen Fall etwas nach draußen und zur Uhrenindustrie gelangt sein können?

Jetzt aber erst einmal der Reihe nach.

Es gab ein allerletztes Element, das der Mensch noch nicht gefunden hatte. Alles war vorhanden, nur nicht eines mit 61 Protonen – eine Leerstelle im Periodensystem.

Man hatte bereits damit begonnen, einige Elemente künstlich zu erzeugen und in der Tabelle anzufügen, aber das Element mit 61 Protonen blieb mysteriös und unauffindbar.

Und dann kamen die Atombomben und beendeten einen Albtraum. Vielleicht hatte Reisfeldmarschall Nippomoto seinen Schreibpinsel zu oft in Sake getaucht, bevor er ihn mit den Lippen anspitzte; wie hätte er sonst denken können, dass man mit all dem davonkommen würde?

Bei den vorausgegangenen Forschungen an der Atombombe und dem Experimentieren mit Uran steckte plötzlich das fehlende Element mit 61 Protonen seinen Kopf als Spaltprodukt heraus. Einige Wissenschaftler hatten vorher schon behauptet, dieses Element mit 61 Protonen gefunden zu haben. Zwei Italiener aus Florenz nannten es schon 'Florentinum' — basierend auf einer Fehlinterpretation ihrer Beobachtungen. Zwei Wissenschaftler von der Universität in Illinois nannten ihre Entdeckung 'Illinium', aber nichts davon konnte bestätigt werden.

Erst 1945 war es dann so weit im Oak Ridge National Laboratory (ORNL), Tennessee.

Jacob A. Marinsky, Lawrence E. Glendenin und Charles D. Coryell hatten es schließlich als besagtes Spaltprodukt des Urans entdeckt. Bedingt durch die militärischen Forschungen während des Zweiten Weltkriegs wurde dies aber erst 1947 veröffentlicht.

Haben wir also dieses besondere Promethium (Promethium 127) auf den Uhren, das sonst vielleicht niemals gefunden worden wäre, als eine Konsequenz von Pearl Harbour? 'Made in Japan' im erweiterten Sinne? Hier muss man aber gleich fairerweise erwähnen, dass es eine japanische Firma namens Nemote & Co. Ltd. war, die später eine unschädliche, nicht-radioaktive Leuchtfarbe für Uhren entwickelt hatte, bekannt als LumiNova, welches ab 1968 verwendet wurde.

Die Schweizer hatten bereits vor den Japanern etwas Ähnliches namens 'SuperLite' hergestellt. Zuerst gab es ein Joint Venture ('LumiNova Switzerland'), mit Rohmaterial aus Japan, das in der Schweiz veredelt wurde. Schließlich machte die Schweizer Firma RC Tritec AG (Ltd.) alles alleine unter Lizenz in der Schweiz und brachte dann das Superluminova heraus, das heute weit verbreitet ist.

Zurück zum Promethium: Die Wissenschaftler waren erschrocken, als sie erkannten, was sie bei der Entwicklung einer Atombombe anrichten werden. Niemand wollte deshalb diesem endlich entdeckten Element mit 61 Protonen seinen Namen geben.

Grace Mary Coryell, die Frau von Charles Coryell, kam auf die Idee, es Promethium zu nennen, nach dem griechischen Titanen Prometheus, der den Menschen das Feuer gebracht hatte. Da dies nicht nur ein Segen, sondern auch für schreckliche Zerstörungen verantwortlich war, hatten ihn die griechischen Götter verbannt.

Also wirklich, da findest du das letzte unbekannte Element auf diesem Planeten und die Frau zu Hause sucht den Namen dafür aus und lässt dabei gleich den 'Altgriechen-Kenner' raushängen. Das sollte aber eher eine Warnung für alle sein – außer für ein paar Verrückte in der Uhrenindustrie (zumindest der Teil, der damals mit der radioaktiven Leuchtfarbe herumhantierte).

Promethium 147 auf der Uhr wurde sogar lautstark beworben. Eine große deutsche Uhrenfirma schwadronierte begeistert herum:

Das XYZ-Modell ist für Männer, die viel arbeiten und viel verlangen. Wasserdicht, staubdicht, antimagnetetisch ... mit einem stark leuchtenden Zifferblatt, aber ohne Gamma-Strahlung. Die Leuchtfarbe mit Promethium ist nicht gefährlich ...

Oh mein Gott, warum hast du da nicht Hirn regnen lassen!

Promethium hat eine Halbwertzeit von nur 2,6 Jahren, aber das ist nicht die vollkommene Idiotie, von der ich spreche. Das ist nur die Dummheit auf der Oberdummheit.

Und ja, der dämliche Werbespruch ist, oberflächlich betrachtet, nicht falsch — mit etwas Nachsicht, die wir solch Unwissenden zugestehen können (ob sie auch verlässlich wasserdicht oder antimagnetisch war, weiß ich nicht). Es gibt hier keine Gamma-Strahlung, die nur dann auftritt, wenn bei einem Alpha- oder Beta-Zerfall (hier Beta-) genügend Energie übrig bleibt.

Aber ... Promethium 147 bleibt nicht Promethium 147 und es ist Teil einer Zerfallskette wie alle radioaktiven Elemente auch, und die nächste Stufe ist nicht das Ende und auch nicht nur ein kurzer Zwischenschritt.

Danach kommt sofort und recht bald nur noch Samarium 147 und das hat eine Halbwertzeit von – halten Sie sich gut fest – 106 Milliarden Jahren (!!!), bevor es die letzte, stabile Stufe von Neodym 143 erreicht.

106 Milliarden Jahre, bevor die Hälfte weg ist, 1,06 Billionen Jahre, bis alles weg ist, bis alles radioaktive Zeugs von einer solchen Uhr zerfallen ist. Das ist gefährlicher Sondermüll bis jenseits der Existenz unseres Universums, und dem Universum unseres Universums ...

Und dann werben und schwafeln sie mit Bezug auf die erste kurze Periode des Promethiums 147 mit einer Halbwertzeit von 2,6 Jahren ohne Gammastrahlung! Danach (eigentlich beginnt der Prozess sofort, die Halbwertzeit gibt nur die Zeit an, bis 50 % vom Bestand weg sind), kommt Samarium 147 für alle Ewigkeit.

Au weia! Lukas 23:34: *'Herr vergib ihnen, denn sie wissen nicht was sie tun!'*

Samarium 147 hat zugegebenermaßen ebenfalls keine Gammastrahlung zusammen mit seiner radioaktiven Alpha-Strahlung. Es ist aber hochgiftig und stellt eine ernsthafte Brandgefahr dar, bis hin zu Explosionen.

Natürlich haben wir hier nur geringe Mengen, was Letzteres angeht, aber einmal im Körper ist es gleichermaßen gefährlich wie alle Alpha-Strahler – ansonsten bleibt es um uns herum, für zehn mal 106 Milliarden Jahre!!!

Element	Zerfall	Halbwertzeit	Zerfällt zu
Promethium 147	β -	2,6 Jahre	Samarium 147
Samarium 147	α	106 Milliarden Jahre	Neodym 143
Neodym 143		**STABIL**	

β - = beta minus, α = alpha

'Oh, ich habe etwas ganz Wunderbares entdeckt, ich kann eine Uhr leuchten lassen und die Zeit im Dunkeln ablesen.'

Ich glaube, die alten Ägypter hätten lieber mehr an ihren Pyramiden gebaut, als Stäbe zur Zeitmessung in den Sand zu stecken, und Galileo Galilei wär lieber spazieren gegangen, als die Pendelgesetze zu entdecken, wenn die gewusst hätten, wo das alles hinführt. Und dabei habe ich an die französischen Kaminuhren noch gar nicht gedacht ...

'Pm' findet man als Hinweis auf Promethium auf dem Zifferblatt, falls es interessiert.

Tritium

Tritium als Aktivator hat später Radium 226 und den anderen radioaktiven Dreck ersetzt, von den 1960er-Jahren an bis in die 1990er. Zunächst wurde es als mehr oder weniger harmlos angesehen, aber heute wissen wir es besser.

Tritium gibt es noch in Form von GTLS - Gaseous Tritium Light Source (Gasförmige Lichtquelle). Alles wird zusammen mit der leuchtenden Substanz in kleinen, geschlossenen Röhren aufbewahrt. Es ist im Grunde sicher, aber im Falle eines Bruchs besteht die Gefahr, dass Tritium als Gas leichter und schneller in unseren Körper gelangt.

Dieses Tritium-Leuchten wird nicht nur für Uhren (sehr kleine Röhren), sondern auch für Notbeleuchtungen oder Schlüsselanhänger verwendet.

Außerdem findet man es in speziellen Zielfernrohren.

Tritium hat nur eine Halbwertszeit von 12,3 Jahren. Es wurde oft nur sehr spärlich eingesetzt, in Anbetracht des Preises im

Vergleich zum Wert der neueren Uhren, die auf dem Markt für erschwingliche Produkte immer billiger wurden.

Früher offen in gebundener Form als radioaktiver Aktivator eingesetzt, ist Tritium in letzter Zeit wieder als Gefahrenquelle in den Fokus gerückt, stärker als früher, als man glaubte, dies sei die Lösung des Problems.

Tritium ist ein Gas. Es kann aus der Leuchtfarbe entweichen. Seine Strahlung kann nur drei bis vier Millimeter in die Luft gelangen, aber Sie tragen Ihre Uhr ja nicht über dem Handgelenk, sondern am Handgelenk. Und hier kann Tritium durch Kunststoffgehäuse und dann durch die Haut in den Körper gelangen (und durch Einatmen).

Die Universität Innsbruck, Österreich, hat einen Test mit 108 Studenten durchgeführt. Diejenigen, die eine solche Uhr mit einer durch Tritium aktivierten Leuchtsubstanz trugen, wiesen eine höhere Tritium-Konzentration im Urin auf als eine Vergleichsgruppe ohne solchen Müll am Handgelenk. Wollen Sie eine häufige Urinuntersuchung bei sich durchführen lassen, wenn Sie diesen Mist auf einer Plastik-Vintage-Uhr herumtragen?

Eine französisch-belgische Studie (aus dem Jahr 2008) kam zu dem Schluss, dass die radiologischen Auswirkungen von Tritium bisher unterschätzt wurden. Die menschliche DNA kann beeinträchtigt werden, und es können Probleme, insbesondere während der Schwangerschaft, auftreten.

Auch die biologische Aktivität von Tritium gibt Anlass zur Sorge. Es kann wie Wasserstoff in den Stoffkreislauf gelangen und als radioaktiver Bestandteil das Trinkwasser schädigen.

Element	Zerfall	Halbwertzeit	Zerfällt zu
Tritium	ß -	12,3 Jahre	Helium
Helium		**STABIL**	

ß - = beta minus

'Oh, ich habe etwas ganz Wunderbares entdeckt, ich kann eine Uhr leuchten lassen und die Zeit im Dunkeln ablesen.'

Gesundheitsrisiken

Lassen Sie uns nun über zwei Arten von Gesundheitsrisiken sprechen, die sich auch bei dieser nutzlosen und höchst fahrlässigen Idee der Vergangenheit ergeben, Zifferblätter und Zeiger von Uhren mit Leuchtfarben zu versehen, die durch radioaktive Substanzen aktiviert werden (immer unter Ausschluss besonderer Verwendung).

Diese alten (Vintage-) Uhren gibt es immer noch, sie werden gesammelt, gekauft und verkauft, verschenkt und nicht nur von Uhrmachern, sondern auch von Sammlern auseinandergenommen. Aber auch ungeöffnet können sie ein ernsthaftes Risiko darstellen.

Nicht zu vergessen all die alten Nachttisch- und Schreibtischuhren, die überall als 'Erbstücke' herumliegen oder stehen und die man entsorgen sollte, aber nicht will. Achtung, radioaktiver Abfall!

Wie schon mehrfach erwähnt, gibt es einige Gefahren für die Träger von Armbanduhren, die von außen kommen, aber hauptsächlich geht es darum, dass das Zeug in den Körper gelangen kann.

Krebs ist die Hauptfolge, wenn etwas schiefläuft, aber das ist noch nicht alles. Man nimmt auch an einer makabren Lotterie teil.

Wir kennen einerseits deterministische Schäden. Das Wort sagt schon alles. Die Menge, die Dosis, die Zeit der Einwirkung, die Entfernung bestimmt den Schaden. Wenig davon – wenig Schaden, viel davon – viel Schaden. In diesem Fall geht es um Zellschäden. Der Schweregrad nimmt automatisch mit der Dosis zu, bis hin zum tödlichen Verlauf.

Andererseits haben wir stochastische Schäden durch Verstrahlung, womit man sich heute bei der Beurteilung solcherlei Gefahren immer intensiver beschäftigt. Stochastisch bedeutet 'Lotterie'. Jede Menge kann Schaden bringen, egal wie klein, und jede Menge kann harmlos bleiben, egal wie groß. Wie beim Lotto, man kann mit kleinem Einsatz gewinnen und mit großem Einsatz nichts.

In diesem Fall eines 'Gewinns' geht es um eine mögliche Zellveränderung und diesbezüglich gleich eine weitere schlechte Nachricht vorweg: Man weiß nicht, ob man gewonnen (kein Schaden) oder verloren

(Schaden) hat, denn man muss auf die nächste Generation warten. Die Zellen bleiben intakt, kein Problem für den eigenen Körper, aber die DNA wird verändert und als Gendefekt an die nächste Generation weitergegeben.

'Oh, ich habe etwas ganz Wunderbares entdeckt, ich kann eine Uhr leuchten lassen und die Zeit im Dunkeln ablesen.'

Radon Gas (Radon 222)

Wir haben gesehen, dass in der Zerfallskette von Uran 238 bis Blei 206, wo wir auch Radium 226 finden, Radon 222 auf der nächsten Stufe nach Radium 226 ist. Es ist ebenfalls hochgefährlich, und außerdem ist es ein Gas, das leicht nach außen gelangt und natürlich viel schneller eingeatmet wird als Schwebeteilchen.

Radon 222 ist nicht nur ein Problem, wenn es um Uhren mit Radiumleuchtfarbe geht. Es ist überall um uns herum und gelangt ins Haus und an andere Orte. Wenn es sich ansammelt und nicht durch Lüften verteilt wird, stellt es eine Gefahr dar und ist nach dem Rauchen die zweithäufigste Ursache für Lungenkrebs.

Radongas dringt nicht nur in geschlossene Räume ein, wenn Uran in Böden und Gesteinen zerfällt, sondern wir können es auch durch eine Vielzahl von Dingen ins Haus bringen: Flugzeuginstrumente in einer Sammlung, Fotolinsen (Beschichtung) aus einer bestimmten Zeit, bis 1970 hergestellte Keramik, Cloisonné-Schmuck und -Vasen, Granitplatten in der Küche oder anderswo, Betonprodukte und ... in den 'Leuchte-im-Dunklen Uhren' mit radioaktiver Leuchtfarbe.

Die UNESCO hatte Studien bezüglich des Gefahrenpotenzials in privaten Haushalten unterstützt. Mehrere Universitäten auf der ganzen Welt haben sich beteiligt und ihren Beitrag geleistet, darunter die Northampton University in Northampton und die Kingston University. Nein, diese ist in London und nicht Kingston, Jamaika. Dort haben sie zwar ein College in ihrer Hauptstadt – eine öffentliche christliche Sekundarschule – aber, die 'Radioaktivitäten' bestehen dort zu 95 % aus Reggae-Musik, mit der sie ihre Zuhörer tagein-tagaus berieseln.

Diese beiden Universitäten konzentrierten sich dabei auf die Gefahren von Radon im Zusammenhang mit dem Sammeln und dem

Herumhantieren mit radiumhaltigen Uhren. Dafür hatten sie 30 alte Uhren dieses Typs untersucht, bestehend aus britischen, schweizerischen und amerikanischen Zeitmessern, und wiesen darauf hin, dass noch Millionen dieser Uhren im Umlauf sind.

Die Erkenntnisse waren erschreckend und bestätigten eine ernsthafte Gesundheitsgefährdung für die Sammler und ihre Familien, wobei Raucher besonders gefährdet sind (zusätzliche Einwirkung). Alle Uhren wiesen eine gefährliche Radonkonzentration auf, die 67-mal (!) über dem häuslichen Höchstwert von 200 Becquerel pro Kubikmeter (Bq/m3) und mehr als 130-mal (!!!) über dem häuslichen Zielwert (!!!) lag. Insbesondere drei Uhren in schlechtem Zustand wiesen besonders bedenkliche Werte auf.

Wenn Sie sich weiter für dieses Thema interessieren, suchen Sie im Internet mit den Stichwörtern 'Kingston University' oder 'University of Northampton' in Verbindung mit dem Wort 'Radon'.

'Oh, ich habe etwas ganz Wunderbares entdeckt, ich kann eine Uhr leuchten lassen und die Zeit im Dunkeln ablesen.'

Heidi, Heidi ...

Heidi, Heidi, deine Welt sind die Berge,
Heidi, Heidi, denn hier oben bist du Zuhaus ...

Ja, jetzt kommen wir in die Schweiz, das erste und eigentlich einzige Land, wenn man die Striktheit und Ernsthaftigkeit des Vorgehens als Maßstab nimmt, das sich konsequent mit den Überresten dieser Entgleisung mit den radioaktiven Leuchtfarben befasst. Zusammengefasst kann man sagen: 'Lasst uns diesen Müll entsorgen!'

Die Schweiz ist immer noch das wichtigste Uhrenland mit einem großen Anteil am weltweiten Umsatz. China ist führend bei der Zahl der verkauften Uhren, aber viele davon ticken in der Liga von 1,99 Dollar inklusive Versand. Schon komisch: Die besten Kunden für die teuren Schweizer Uhren sind die Chinesen selbst, aber man muss ja nicht das essen, was man kocht ...

Wie auch immer: Seit April 2018 braucht jeder, der mit solchen Uhren zu tun hat – Besitz, Sammeln, Reparieren, privater An- und Verkauf, professioneller Handel, Ausstellen usw. eine Lizenz.

70

Eine solche Lizenz kann nur erteilt werden, wenn man einen Antrag ausfüllt, aber erst, nachdem man ein offizielles Seminar über Strahlenschutz und entsprechende Bereiche besucht hat. Außerdem muss man nachweisen, dass man über genügend 'Fett auf der Kette' (Geld) verfügt, um das Zeug loszuwerden, wenn es nötig wird, auch in der Zukunft und darüber hinaus sind interne Regelungen zu treffen (bei geschäftlicher Aktivität) und für eine angemessene Dokumentation hinsichtlich des Inventars zu sorgen.

Bei der Weitergabe der Uhr(en), auch als Geschenk, ist darauf zu achten, dass der nächste in der Schweiz diese Anforderungen mit einer eigenen Lizenz erfüllt. Eindringlich wird davor gewarnt, nicht alles einfach in den Mülleimer zu werfen (mit Hinweis auf die ernsthaften Konsequenzen).

Man lässt die Möglichkeit offen, jegliches radioaktives Material von Zifferblatt und Zeigern durch ein professionelles und lizenziertes Unternehmen entfernen und durch nicht-radioaktive Leuchtfarbe ersetzen zu lassen, besonders wenn jemand an einem Familienerbstück oder einem militärischen Souvenir festhalten möchte.

Nun haben wir hier gleich ein oft zu beobachtendes Problem. Für einige Sammler ist ein solcher Ersatz eine Blasphemie, ein Sakrileg, eine Verschandelung des Sammelstücks. Ich kann nur hoffen, dass mir nicht irgendwann einer mit seinem geliebten Oldtimer in die Quere kommt, wenn man nicht bereit war, Verschleißteile an Bremsen, Lenkung oder Ähnlichem zu ersetzen.

Aktionsplan-Radium: Die Schweiz will dieses Problem auch bezüglich der alten Produktionsstandorte aus der Welt schaffen. Dazu haben sie das ganze Land durchkämmt (das ja gar nicht so klein ist, wenn man die Berge ausklappt). Man hat bisher 80 % der ehemaligen Orte gefunden, an denen radioaktive Farbe auf Uhren aufgetragen wurde, und 20 % dieser Lokalitäten stellten heute noch eine Gefahr für die Öffentlichkeit dar.

In der Schweiz war es schon früh üblich, dass die Uhrenindustrie über den Winter Arbeit an Bauern und von den Jahreszeiten abhängige Personen abgab. All diese ehemaligen 'Privatbetriebe' zu identifizieren, wird wahrscheinlich nie gelingen, da sich im Laufe der Zeit vieles verändert hat.

Manche umweltbewusste Eidgenossen haben daraufhin gepfeffertes Vokabular ausgepackt. Es reicht von bissiger Häme und Spott über diese verantwortungslose Dummheit, bis hin zur scharfen Verurteilung derjenigen, die es über die Zeit hätten besser wissen müssen.

Anderorts: Manche Uhrmacher weigern sich grundsätzlich, an solchen Uhren zu arbeiten. Ein großer und renommierter deutscher Uhrenhersteller hat offiziell erklärt, dass er an Uhren unbekannter Herkunft, die radioaktive Leuchtfarbe enthalten, nicht mehr arbeitet (Wartung/Reparatur) und hat nur eine kleine Lücke in der Tür für die eigenen Produkte aus dieser Zeit gelassen.

Der Albtraum ist vorüber

Mit der Einführung von Luminova und Superluminova (neben anderen hauseigenen Produkten einiger Uhrenfirmen) ist die Gefahr, die von radioaktiven Stoffen in Leuchtfarben ausgeht, gebannt – aber nicht die Gefahr dieses Mülls, der uns noch unendlich lange umgibt.

Vielerorts lagern dazu noch Ersatzteilen wie kontaminierte Zeiger und Zifferblätter. Häufig findet man bei Sammlern auch noch eingetrocknete radioaktive Leuchtfarbe in den alten Fläschchen.

Was diese alten Uhren betrifft, sind die Dinge leider so, wie sie sind. Und die Uhren von heute? Brauchen wir das wirklich?

Auf den eher zweifelhaften Nutzen von Leuchtfarben auf normalen Armbanduhren bin ich schon eingegangen, aber eigentlich geht es hier ja hauptsächlich um die Schäden, die durch die alten radioaktiven Leuchtfarben angerichtet worden sind.

Was ist es denn nun?

Ich kann hier nicht zu sehr ins Detail gehen, wie man herausfindet, was genau man auf den Zeigern und auf dem Zifferblatt einer alten Uhr hat. Bei vielen dieser Uhren wurden auch die radioaktiven Substanzen ganz oder teilweise erneuert (durch was auch immer) oder in dickeren Schichten aufgetragen, um im Dunkeln noch besser sehen zu können, wie spät es ist.

Nun müssen wir zwischen Sammlern unterscheiden, die alle Zeit der Welt haben, um mit ihren Uhren herumzuspielen, und Uhrmachern. Letztere müssen sich ihre Zeit sinnvoller einteilen.

Der geeignete Geigerzähler (und kein Mist, der oft vertrieben wird) zeigt Alpha-, Beta- oder Gammastrahlung an. Ein Radon-Test bestätigt Radium (der einzige Stoff mit Radon in der Zerfallskette).

Mehrere Lichttests (am besten mit UV-Licht) zeigen manchmal schnell, was man hat. Das Zinksulfid reagiert auch auf Licht. Wenn es keine oder kaum eine Reaktion gibt, haben wir meist Radium und ein zerstörtes Zinksulfid, wobei Letzteres auch noch auf dem 'letzten Drücker' kurze Reaktionen zeigen kann. Wenn es eine stärkere Reaktion gibt (schon nach kurzer Einwirkung von UV-Licht), haben wir Tritium mit einem noch halbwegs intakten Zinksulfid. Zinksulfid reagiert sogar besser auf Licht als das neue Luminova-Material (Erdalkalialuminat), aber das Leuchten ist auch sehr schnell wieder weg, deshalb kann es nicht ohne ständige Aufladung verwendet werden, wie bei Aktivierung durch radioaktives Material.

Suchen Sie kein Promethium 147 (bei 'Pm' auf dem Zifferblatt). Das ist schon lange weg und nach kürzester Zeit zu radioaktivem Samarium 147 zerfallen und bleibt dort – für zehn mal 106 Milliarden (!) Jahre.

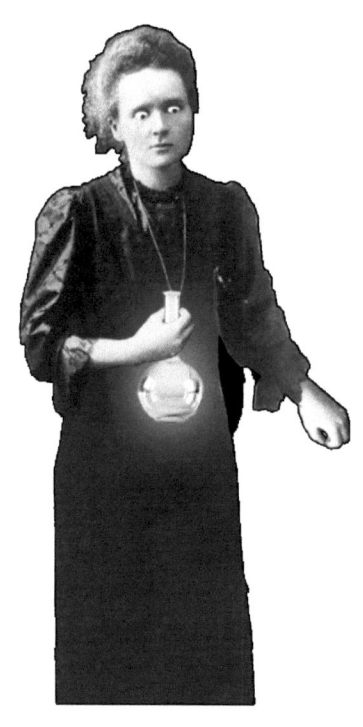

Zwei Uhren mit Radium-Leuchtfarbe, die teilweise von den Zeigern und vom Zifferblatt abgebröselt ist.

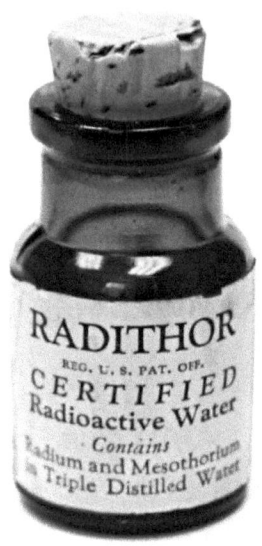

RADITHOR: Das Heilmittel, das auch Eben Byers (siehe Kapitel 'Die Radium Girls') zum Verhängnis wurde. In dem dreifach (!) destillierten Wasser wurden Radium 226 (das Zeugs auf den Uhren), Radium 228 (ein Schwester-Isotop) und Mesothorium I aufgelöst, sodass es über eine Aktivität von einem Mikrocurie (alte Messeinheit) verfügt. Das Mittel wurde 1931 von der Bailey Radium Laboratories, New Jersey, USA, hergestellt und als 'Heilung für lebende Tote' und 'Ewiger Sonnenschein' angepriesen, mit Heilwirkung für zahlreiche Krankheiten und durch ionische Strahlung dem menschlichen Organismus auf wundersame Weise von innen neue Energie zuführen. Ärzte, die es unter die Patienten brachten, bekamen einen Rabatt von 17 %. Da wegen des hohen Preises vornehmlich reiche Leute zugriffen, konnte der Arzt im Falle von Eben Byers gleich die Einnahme von drei Litern täglich verordnen – eine mehrfach tödliche Dosis. Das Mittel brauchte nicht offiziell vom Markt genommen zu werden. Aufgrund kritischer Presseberichte tat dies die Firma freiwillig.

Günstiges Radiumwasser im Sparfass für arme Leute. Da, wie in vielen anderen angeblichen Radium-Produkten, wegen der hohen Kosten nur wenig oder gar kein Radium hineingetan wurde, kamen die meisten Zeitgenossen hier unbeschadet davon.

Radiumhaltige Möbelpolitur.

Dose mit radiumhaltiger Seife.

Radiumhaltige Ofenpolitur. Alles strahlt heller und hält länger.

Radiumhaltige Butter

Radium-Horror in achtzehn schaurigen Kapiteln einer Stummfilmserie von 1919. Eigentlich muss sich nicht vom Gummi-Mann erwürgen lassen. Der Kauf einer Vintage-Armbanduhr tuts eventuell auch. Manche öffnen sie auch heute noch sehr gerne und hantieren damit herum.